AF870361

Liebe Eltern,

wir wollen Ihr Kind beim Lesenlernen unterstützen, und zwar mit spannenden und lustigen Geschichten.

Unsere Bücher mit der liebenswerten Bildermaus begleiten Ihren Sohn oder Ihre Tochter durch die Vorschule. Sie enthalten kurze Geschichten mit einfachen Sätzen sowie großer und leicht lesbarer Schrift. Hauptwörter werden durch kleine Bilder ersetzt. Lesen Sie die Geschichten vor und lassen Sie Ihr Kind die Bilder selbst benennen. Am Ende finden Sie eine Bild-Wörterliste mit den einzelnen Bedeutungen. Viele bunte Illustrationen sorgen außerdem für Lesepausen und helfen, die Geschichte zu verstehen.

So wird der Spaß am Lesen geweckt, und Ihr Kind wird ganz nebenbei von der Bildermaus zum echten Leselöwen!

Ihre

Bildermaus

Bildermaus

Katharina Wieker

Nitro und die Monstertrucks

Illustriert von der Autorin

Loewe

www.bildermaus.de

FSC
www.fsc.org
MIX
Papier aus verantwortungsvollen Quellen
FSC® C109273

Klimaneutral
Druckprodukt
ClimatePartner.com/18521-2202-1001

ISBN 978-3-7855-7704-2
3 . Auflage 2022

Umschlag- und Innenillustrationen: Katharina Wieker
Umschlaggestaltung: Michael Dietrich
Vignetten Bildermaus und Sticker: Angelika Stubner
Reihenlogo nach einem Entwurf von Angelika Stubner
Printed in the EU

www.loewe-verlag.de

Inhalt

Ein tollkühner Sprung

Auf den  hinter dem  ist es heute richtig laut. Die drei kleinen  Nitro, Taifun und Tornado lassen dort ihre  aufheulen. Sie üben, damit sie endlich mit den großen  in der 

auftreten dürfen.

Die drei springen über  ,

drehen sich auf zwei  und

fahren tiefe  in den  .

Als die  untergeht, ist Taifun

müde und Tornado durstig.

„Ich könnte jetzt ein ganzes 

austrinken“, sagt Tornado.

„Kommst du mit zur , Nitro?“

Aber Nitro möchte noch einmal

über die  fahren.

„Wetten, dass ich die 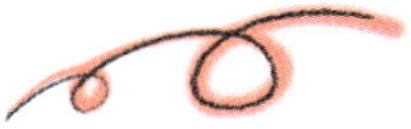 vom

alten Diesel hinkriege?“, ruft Nitro.

Taifun wackelt erschrocken mit

den . „Tu das nicht!“, bittet er.

„Du brichst dir nur die !“

Aber Nitro ist schon gestartet.

Seine  klettert bis zum .

Er rast über die , hebt ab –

– und landet mit der  voran

im . Er überschlägt sich und

bleibt wie ein  auf dem 

liegen.

Nitro rappelt sich wieder hoch.

Seine  hängt traurig herunter

und drückt auf die . „Du musst

in die “, verkündet Tornado.

„Ich rufe gleich den .“

Taifun und Tornado begleiten den verletzten Nitro zur . Er wird sofort untersucht. „Eine 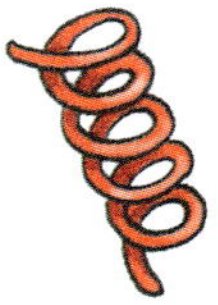 ist gebrochen“, sagt der . „Die kann ich erst morgen reparieren, heute ist es schon zu spät.“

Der alte Diesel

Später steht Nitro auf dem 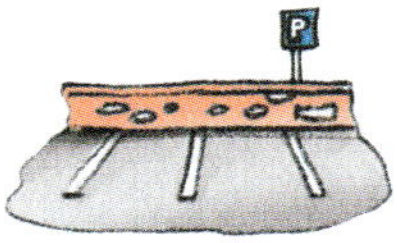

hinter der . Die 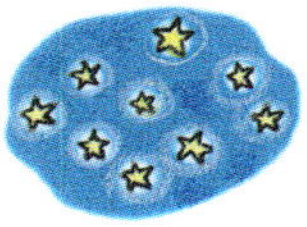 funkeln

am  und es ist kalt. Der

kleine  fühlt sich sehr

einsam. Ein paar  kullern ihm

aus den . Davon wird das

alte  neben ihm wach.

„Wer wird denn weinen?“, brummt es. „Als ich so alt war wie du, hatte ich dauernd 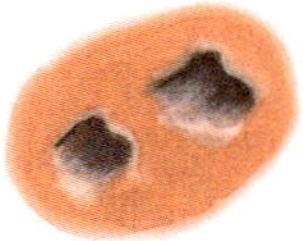 und 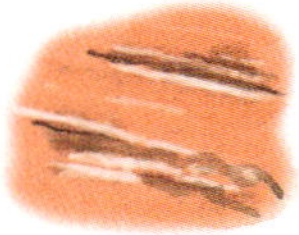.“

Nitro staunt. Denn neben ihm steht der weltberühmte Diesel!

„In meiner 

hängt ein 

von dir!“, ruft Nitro bewundernd.

„Du warst der wildeste  von allen.“ Diesel plustert sich stolz auf.

Seine rostigen  scheppern.

„Stimmt“, sagt Diesel. „Ich bin gefahren wie der .“ Nitro berichtet, wie er sich bei Diesels berühmter 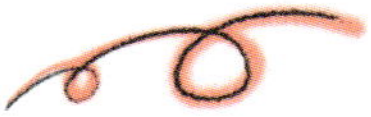 die  gebrochen hat. Diesel lacht. „Du bist genau so ein wilder  wie ich“, meint er.

Und dann erzählt er Nitro von früher.

Von frisierten , riesigen 

und den mutigsten  der .

Aber am aufregendsten findet Nitro

Diesels tollkühnen  über

ein brennendes .

„Trittst du mal wieder auf?“, fragt

Nitro gespannt. „Ich glaube nicht“,

seufzt Diesel. „Wenn ich mir noch

einmal etwas breche, muss ich

auf den . Vielleicht wage

ich es aber irgendwann trotzdem.“

Als die  aufgeht, ruft der 

Nitro in die . Diesel schenkt

Nitro einen  für die . „Damit

du mich nicht vergisst“, meint er.

Nitro muss immer an Diesel denken.

Als alle 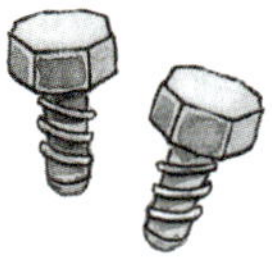 wieder fest sitzen,

fährt er noch einmal zum 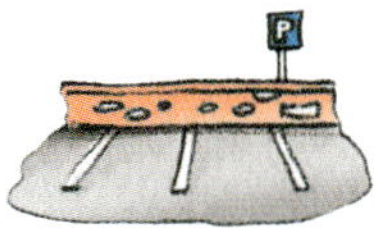.

Doch Diesel ist nicht mehr da.

Der große Auftritt

Ratlos knallt Nitro seine 

auf und zu. Er rast durch die 

zu Taifun und Tornado und drückt

wild auf die . Das  der

beiden geht auf. „Ihr müsst mir

helfen, den alten Diesel zu finden!“,

ruft Nitro aufgeregt.

Taifun lacht. „Erzähl keinen .

Der ist doch schon lange auf

dem .“ Aber Nitro zeigt

seinen neuen . „Da ist

die  unten am 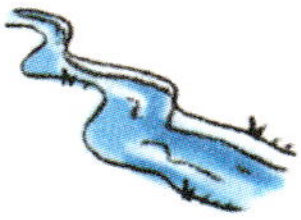 drauf“,

stellt Tornado fest.

„Los, wir fahren hin!“ Nitro lässt

begeistert eine  aus dem 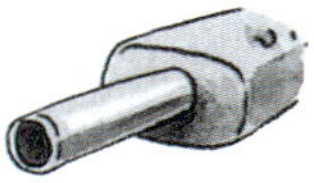

steigen. Als die drei ankommen,

reibt Diesel seine rostigen 

mit 

ein. Seine 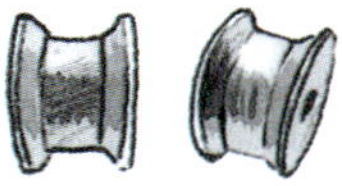 glänzen.

Zufrieden schaut er in den :

„So kann ich über die !“ Nitro

denkt nach. „Oder wir machen es

so …“ Und dann verrät er den

anderen, was er sich ausgedacht

hat.

Als die vier  in der 

ankommen, ist dort richtig was los.

Gerade treten die mutigsten  auf. Tausende  jubeln ihnen von der 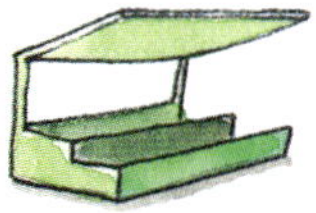 aus zu.

Aber als Diesel mit Nitro, Taifun

und Tornado einfährt, wird es

plötzlich ganz still. Nur Nitros

schlotternde 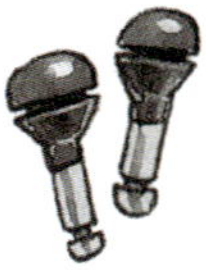 sind zu hören.

„Bleib ruhig“, flüstert Diesel ihm zu.

„Es wird alles gut gehen.“

Diesel fährt mitten in die 

.

Nitro, Taifun und Tornado lassen

ihre  aufheulen und rasen

gleichzeitig über die .

Sie heben ab und fliegen weit über

Diesel hinweg. Doch nur Nitro

schafft Diesels berühmte  .

Der  spritzt, als die drei

jungen  wieder aufsetzen.

Die  auf der 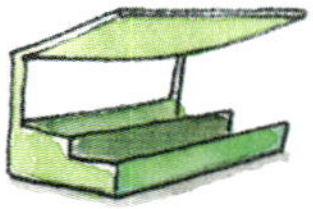 toben

begeistert. Der alte  knufft

Nitro liebevoll in den .

„Danke“, flüstert er. „Ab sofort

treten wir nur noch zusammen auf!“

Die Wörter zu den Bildern:

Hügel

Wald

Monstertrucks

Motoren

Arena

Baumstämme

Reifen

Bremsspuren

Sand

Sonne

Benzinfass

Tankstelle

Sprung-
schanze

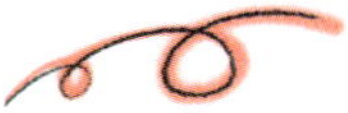
Spirale

Scheiben-
wischer

Achsen

Tachonadel

Anschlag

Motorhaube

Käfer

Dach

Karosserie

Werkstatt

Abschlepp-
wagen

Feder

Mechaniker

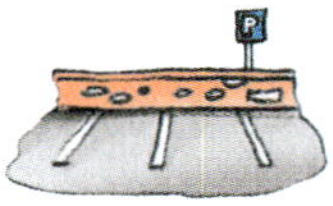

Parkplatz

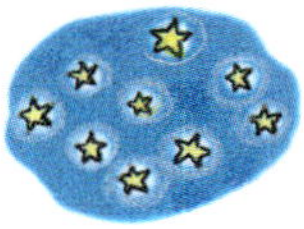

Sterne

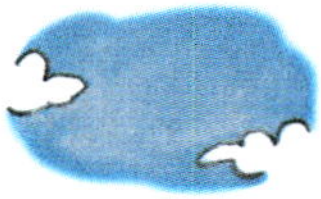

Himmel

Tränen

Auto

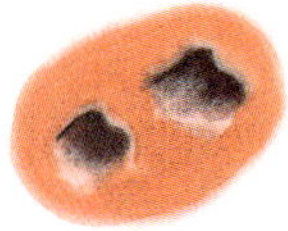

Beulen

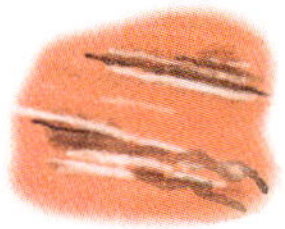

Schrammen

Garage

Poster

Kotflügel

Teufel

Hund

Welt

Sprung

Flugzeug

Schrottplatz

Aufkleber

Stoßstange

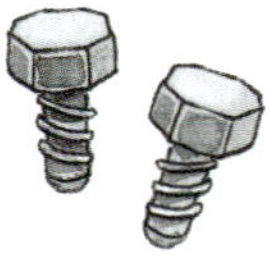

Schrauben

Stadt

Hupe

Garagentor

Käse

Waschanlage

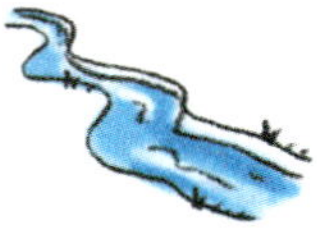

Fluss

Wolke

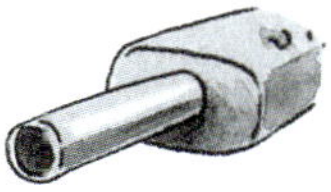

Auspuff

Spiegel

Politur

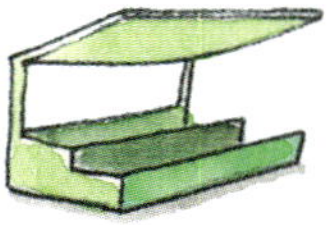

Tribüne

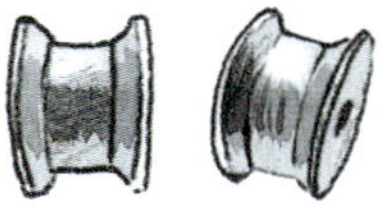

Felgen

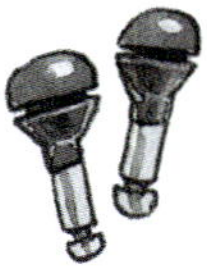

Ventile

Katharina Wieker illustriert und schreibt seit vielen Jahren Kinderbücher. Sie lebt mit ihrer Familie und einem frechen Kater in Berlin.

Noch mehr Lesespaß!

ISBN 978-3-7432-1177-3

ISBN 978-3-7432-1198-8

ISBN 978-3-7432-1178-0

ISBN 978-3-7432-1194-0